6種のワックスとエッセンシャルオイルで作る

ハンドメイド キャンドル

HANDMADE CANDLE

福間乃梨子
NURI CANDLE

文化出版局

Prologue

本書を手に取っていただきありがとうございます。NURI CANDLE というブランドでキャンドルを作っている福間乃梨子と申します。自然や植物から受けたインスピレーションをキャンドルというかたちに集め、表現しています。現在は、京都から福岡へアトリエを移し、海や山を身近に感じ、空を見上げて何かいいものを込められたらいいな、という思いで日々製作しています。

　この本の中には、これまで製作してきたキャンドルと、今夢中になって作っているアロマタイプの彫刻キャンドルなど、さまざまな技法をまとめました。市販の型でできるものや紙製の筒を利用して作るもの、ご自身で型を作る方法などをそれぞれ紹介していますが、テクニックの前に「蝋を溶かして色をつける」ことを感じるところからはじめてみてください。絵の具のように顔料を混ぜて好きな色を作り、型に流してみる。さっきまで液体だったものが固まる。そして、燃えて光を放つ不思議。私はその魅力に取りつかれて15年が経ちますが、色を作る時のわくわくとドキドキは今でも変わりません。

　蝋の材料として、パラフィンという一般的なワックス以外にも、自然素材をいろいろと紹介しています。蝋の違いで仕上がりの質感が変わっていきますので、その違いを楽しんでいただけたらと思います。
　せっかく作ったキャンドルを使うのはもったいない、と最初は思うかもしれませんが、キャンドルは火を灯してできる空間と時間までが作品の味わいです。キャンドルが照らす素敵な瞬間を、ぜひ楽しんでください。

福間乃梨子
NURI CANDLE

Contents

Bretagne
ブルターニュ ················ 6 — 51　How to make ↓

Mimosa
ミモザ ···················· 8 — 52

Wild Vine
山ブドウ ·················· 9 — 53

Elm Forest Ⅰ
エルムの森で Ⅰ ············ 10 — 54

Elm Forest Ⅱ
エルムの森で Ⅱ ············ 11 — 55

Honey Birds & Swan
ハニーキャンドル - 小鳥と白鳥 - ······ 13 — 56

Hungary
ハンガリー ················ 14 — 58

Fir tree
もみの木 ·················· 15 — 59

Palm two tone
パームのツートーン ········ 17 — 60

　　　　　　　　　　　　　　　　How to make
　　　　　　　　　　　　　　　　　↓

Botanical
ボタニカル …………………… 18 ― 62

Polka dot
水玉模様 ……………………… 20 ― 64

Two tone
ツートーン …………………… 21 ― 65

Nordic stripe
ボーダー柄 …………………… 22 ― 66

Two tone tree
2色の木 ……………………… 23 ― 67

Dot pattern
ドット柄 ……………………… 24 ― 68

Bird
鳥 …………………………… 26 ― 70

House
家 …………………………… 27 ― 69

Aroma Wax Plate
アロマワックスプレート ……… 28 ― 72

キャンドルの作り方 ………………………… 29
　キャンドル作りを楽しむために Q&A ……… 30
　ワックスの種類 …………………………… 32
　キャンドル作りの道具1 …………………… 33
　キャンドル作りの道具2 …………………… 34
　基本の作り方と技法 ……………………… 36
　原型の作り方 ……………………………… 38
　型の作り方 ………………………………… 40
　キャンドルシートの作り方 ………………… 42
　ボタニカルキャンドルの作り方 …………… 44
　アロマワックスプレートの作り方 ………… 45
　香りについて ……………………………… 46
　おすすめのアロマブレンド ………………… 48

各作品の作り方 …………………………… 49

╭─ アイコンの見方 ─╮

作品に　　　　　パラフィンワックス
使っている
ワックスの種類　　みつろう

　　　　　　　　パームワックス

　　　　　　　　ソイワックス

Bretagne

ブルターニュ

フランスの伝統模様をモチーフにしたキャンドル。
ホワイトベースの配色で
繊細な雰囲気を作ります。
エッセンシャルオイルの香りをたっぷりと閉じ込めて。

How to make
p.51

Mimosa
― ミモザ ―

愛らしい姿のミモザが
明るい気持ちにしてくれます。
香りは元気がわいてくる
オレンジベースのブレンドを入れて。

how to make
p.52

Wild Vine
山ブドウ

青い小鳥がとまった山ブドウ、
キャンドルはグレー系がぴったり。
枝、葉、実は濃い色を使って
野山の雰囲気を出して。

how to make
p.53

Elm Forest I
エルムの森でI

みつろうがふんわり香る
北国の森のキャンドル。
やわらかなイエローがお部屋を
あたたかくしてくれそう。

How to make
p.54

 + H

Elm Forest II

エルムの森でⅡ

パラフィンワックスとみつろうの
2種を組み合わせて。
火を灯せば、白い木々が
ふんわりと浮かび上がります。

how to make
p.55

Honey
Birds & Swan

ハニーキャンドル
ー小鳥と白鳥ー

蜂の巣といえば六角形。
縁をつけて、小鳥と白鳥をのせれば
立体感のあるキャンドルに。
みつろう色と淡いブルーに
白いモチーフをのせて。

Hungary

ハンガリー

ハンガリーの国をイメージした
色とりどりのお花のモチーフ。
ベースのキャンドルと絵柄の色を変えれば
いろいろなテイストが楽しめます。

How to make
p.58

Fir tree
もみの木

てっぺんまでもみの木を描いたら
机に1つ置くだけで
遠い北国にいるみたい。
ホワイトをのせて、雪をかぶせても。

how to make
p.59

Palm two tone
パームのツートーン

パームのふんわりとした色が
やわらかい雰囲気のキャンドル。
丸い形は石こうを削って、
円柱は紙製の筒で原型を作ります。

How to make
p.60,61

Botanical
ボタニカル

植物のあざやかな色が楽しめる
ドライフラワーや押し花を入れたキャンドル。
エッセンシャルオイルでしっかりと香りをつけて、
火を灯さずに飾るルームフレグランスに。

how to make
p.62,63

Polka dot

水玉模様

パラフィンワックスでシートを作ったら
丸、三角、四角など
好きな形でくり抜いて。
型に貼りつけて作る水玉模様。

how to make
p.64

Tow tone
――
ツートーン

ラフに削った形がころんと愛らしい
小さなキャンドル。
好きな色の組合せで
いろいろな表情に。

how to make
p.65

Nordic stripe
ボーダー柄

雪のように解けそうな
やさしい配色のボーダー。
1色ずつ交互に注いで、
丁寧に作ります。

how to make
p.66

Two tone tree

2色の木

削った質感を活かした
2色の長いキャンドル。
いくつか作って並べれば
北欧にある森のよう。

How to make
p.67

Dot pattern

ふりそそぐ雪ようなドット柄は
丸い抜き型を使って作ります。
ドットの色や置き方を工夫して
組合せを楽しみましょう。

how to make
p.68

Bird
／
鳥

マーブル模様のシートを作り
鳥の形を切り取ります。
偶然できた模様から、
キャンドルの配色を楽しんで。

how to make
p.70

House
― 家 ―

おもちゃのように小さい家。
色を変えて
いくつも並べれば、
かわいい街並みができあがります。

p.69

Aroma Wax Plate

アロマワックスプレート

香りをつけた四角いワックスに
ドライフラワーを置いたワックスプレート。
壁に1つ飾っておけば、
ふわりと香りが広がります。

キャンドルの作り方

キャンドルを作るための、基本の材料や道具、技法を紹介しています。
しっかり読んで、必要なものをそろえてから作品を作りましょう。

キャンドル作りを楽しむために

キャンドルを作る前に、知っておくべきことをまとめました。
特にはじめてキャンドルを作る方は、ひと通り確認しておきましょう。

Q.1) キャンドル作りに必要なものは何ですか?

A.1) ワックス、型、芯があればキャンドルが作れます。

→ p.32,33へ

Q.2) ワックスはどうやって溶かしますか?

A.2) ワックスは融点が高いので、ホーロービーカーの中に入れ、IHヒーターでよく混ぜながら溶かします。

→ p.36へ

Q.3) 色がついたキャンドルは作れますか?

A.3) キャンドル専用の顔料を使って色をつけます。本書で紹介する顔料は9色で、混ぜて好きな色を作ることもできるので、オリジナルのカラー作りも楽しんでみましょう。

→ p.37へ

Q.4) 好きな形のキャンドルを作ることはできますか?

A.4) 本書では、市販の型以外に、シリコンゴム液などを使って好きな形や柄を作れる型の作り方も紹介しています。作りたいキャンドルの原型を作ってから型を作ります。

→ p.38へ

Q.5) 1kgのワックスでどのくらいのキャンドルが作れますか?

A.5) 一般的なサイズの型で200gのキャンドルが作れるので、1kgで約5個分のキャンドルが作れます。

Q.6) キャンドル作りの注意点は?

A.6) キャンドル作りは、ワックスを高温で溶かすので、火傷や発火の恐れがあります。200℃を超えると発火するので、そばをはなれず慎重に作業しましょう。

Q.7) 芯にたこ糸は使えますか?

A.7) キャンドル専用の芯を使用してください。たこ糸は専用のものと撚り方が異なり、ススが出たり炎がきれいに出ないことがあります。専用の芯でも下処理をして使います。

→ p.37へ

Q.8) 天然素材だけで作る
キャンドルの材料はありますか?

A.8) 大豆由来の植物性のソイワックスや、はちの巣から採取するみつろうで作ることができます。香りも天然のエッセンシャルオイルがおすすめです。

→ p.32,46へ

Q.9) ワックスの温度は必ず
計らなければいけないですか?

A.9) 高温になると引火する恐れがあるので、必ず計ります。また、決まった温度で作成すれば仕上がりもきれいになります。

Q.10) ワックスに
引火してしまったら?

A.10) 濡れタオルかふたをかぶせ、空気を遮断します。水を入れるのは絶対に避けましょう。ワックスが飛び散り、延焼の恐れがあります。

Q.11) アロマキャンドルを作るときに
気をつけることはありますか?

A.11) エッセンシャルオイルで香りをたっぷりつけたいところですが、たくさん入れればよいというものではありません。キャンドルの容量の6%が許容量で、それより多く入れると、香料が浮いてしまうことがあります。

→ p.46へ

Q.12) 衣服についたワックスは
落とせますか?

A.12) 応急処置として、熱湯でワックスを溶かします。その後、すぐにクリーニング店に相談しましょう。

Q.13) ワックスで汚れたときは
どうすればいいですか?

A.13) ワックス専用のクリーナーや、モールドクリーナーをつけて拭き取りましょう。

→ p.35へ

Q.14) ワックスに使用期限は
ありますか?

A.14) 使用期限はありませんが、湿気や直射日光を避けて保管します。特に色落ちや変形の原因になるので、日の当たるところには置かないようにしましょう。

Q.15) 残ったキャンドルは
再利用できますか?

A.15) 再利用できます。キャンドルを溶かして、芯をつけなおしましょう。ただし、くり返し加熱しすぎて酸化したワックスや、汚れたワックスは劣化しているので避けましょう。

ワックスの種類

キャンドル作りに欠かせないのが原材料となるワックス。
代表的な6種類を、本書では性質によって使い分けます。

パラフィンワックス
本書で一番よく使われるワックスです。キャンドルの材料で代表的な、石油由来のもの。溶かすと透明に、固まると乳白色になります。また、保香性に優れているので、アロマキャンドル作りに向いています。

マイクロワックス
パラフィンワックスに加えて粘度を高くし、結晶を細かくさせて気泡やひび割れを防ぎます。原料は石油で、ほんのり黄色味を帯びているものもあります。本書ではハードタイプを使います。

みつろう（漂白）
みつろうを漂白した粒状タイプ。みつろうはパラフィンワックスに比べて炭素量が少ないので、ススが出にくいのも特徴。ミツバチが採取する花の種類や産地によって違う香りも楽しめます。

みつろう
ミツバチの分泌液によって作られた動物性のワックス。はちみつのような独特の甘い香りが特徴です。黄色い色をしているので、そのままの色合いを生かしたキャンドルも作れます。

パームワックス
やしの葉が原料のワックス。固まるとやわらかな白色になります。ひび割れを防ぐために、パラフィンワックスを混ぜて使います。炭素量が少ないので、燃やしたときにススが出にくいのも特徴です。

ソイワックス
大豆由来の植物性のワックス。白くクリーミーで高級感のある質感が特徴です。120℃以上に加熱すると酸化するので、温度管理に注意します。また、色むらができやすいので顔料は入れすぎないように。

キャンドル作りの道具 1

キャンドル作りに必要なおもな道具を紹介します。

/ ワックスを加工する道具 /

ホーロービーカー
ワックスを溶かすときの容器。大きさはさまざまですが、500mlが図れるサイズを2つ以上用意しておくと便利。

IHヒーター
ワックスを溶かすときに使用。温度設定ができ、なければホットプレートにクッキングシートを敷いて代用します。

温度計
ワックスの温度を計るときに使います。ワックスは高温になると劣化するので、温度を測りながら溶かします。

デジタルスケール
ワックスの重さを計るときに使います。1gまで計れる、キッチン用のスケールを使用します。

クッキングシート
机などで作業をするときに、ワックスの油脂分が染みることがあるので、下に敷いて使います。

キャンドル用の市販の型
ポリカーボネート製の型（左）と金型（右）があります。ポリカーボネート製は側面のデザインが確認できます。

離型剤（シリコーン製）
ワックスを注ぐ型に吹きつけて使います。固まったキャンドルを型からはずしやすくします。

紙製の筒
直径4.5cm、5.1cm、7.5cmのもののほかに、トイレットペーパーの芯（直径3.7cm）でも代用できます。

芯材
キャンドル用の芯材。作るワックスに合わせて芯材を変えます。芯は、下処理（p.37参照）を行います。

竹串
芯を型に固定したり、シート状のワックスに下絵を描いたりするときに使用します。

芯穴をふさぐシール
型にあいている穴に芯を通すとき、穴からワックスが漏れないようにシールで固定しふさぎます。ガムテープでもOK。

使い捨てビーカー
溶かしたワックスを、小分けして作業するときに使います。なければ紙コップを使用します。

キャンドル作りの道具 2

キャンドルに色や絵柄をつけたり、
自分で型を作るときに必要な道具を紹介します。

/ 顔料 /　　/ ボタニカルキャンドルの材料 /

キャンドル用顔料
キャンドルの顔料は種類はさまざまですが、この本では粉タイプを使います。衣服につかないように注意します（トモスキャンドルクラフトの顔料粉を使用）。

ドライフラワー、押し花
花や果実を乾燥させたもの。火には弱いですが、見た目が華やかで美しい仕上がりが楽しめます。

ピンセット
ドライフラワーや押し花などをつまむときに使います。わり箸でもOK。

接着剤
押し花をキャンドルに貼りつけるときに使います。貼りつけるときには竹串も用意します。

/ 紙の箱型を作る道具 /

方眼ボール紙
（なければ厚紙）
紙の箱型を作る厚紙。5mmごとに目盛りが印刷されていると、箱の形を形成しやすいです。

カッター＆カットマット
カッターは、大きめサイズと細めの2つのサイズを用意。カットマットを下に敷いて、クッキングシートをのせ使います。

ガムテープ
箱を組み立てるときに使います。布製がおすすめ。

金属製の定規
箱型の展開図を鉛筆で描いたり、ワックスをカットするときに使用。30cmのものが使いやすいです。

/ シリコン型を作る道具 /

原型用の粘土
シリコン型をとるために、まず粘土で作りたいキャンドルの原型を作り、これを使ってシリコンゴム液で型取りします。

バリヤーコート
原型の粘土に塗って、シリコン型からはずしやすくするための液剤。一緒に筆も用意します（信越シリコーンバリヤーコートNo6を使用）。

シリコンゴム液
硬化剤を混ぜて固める液体のタイプ。熱いワックスを注ぐので、耐熱性に優れたものがベスト（GSIクレオスのMr.シリコーンを使用）。

輪ゴム、使い捨てビーカー
輪ゴムは、ワックスを注ぐ前にシリコン型をまとめておくのに使用。ビーカーはシリコンゴム液を計量したり混ぜたりするとき用に。

/ 石こうの原型を作る道具 /

石こう
特に繊細な模様や削った質感を表現するキャンドルの原型は、石こうで作ります。焼き石こうを用意します（吉野石膏サクラ印の焼石膏を使用）。

使い捨てビーカー
石こうを計量したり混ぜたりするときに使います。石こうは固まるので使い捨てできるタイプがおすすめです。紙コップでも。

紙製の筒
石こうを流して原型を作るための使い捨てできる型。この本では、直径4.5cm、5.1cm、7.5cmのものを使います。

パレットナイフ
石こうの原型を作るときに、石こうに質感を出すために使います。液状の石こうをすくって使います。

/ 絵柄をつける道具 /

トレーシングペーパー
絵柄（p.73〜77）を鉛筆でトレースして、石こうに転写するために使います。文房具店などで手に入ります。

鉛筆（B2〜B4）
絵柄（p.73〜77）を石こうに転写するときに使用。やわらかい芯がおすすめです。石こうについても消しゴムなどで消すことができます。

アクリル絵の具
キャンドルの仕上げに絵柄を描くときに使用します。色はお好みで用意します（ターナーのアクリルガッシュを使用）。

紙パレット、筆
アクリル絵の具を出すパレットと、塗るための筆。絵の具は固まると水に溶けないので、筆はすぐに洗い、パレットは使い捨てできるものに。

/ その他の道具 /

アルミホイル
キャンドルシート（p.42）用の型を作ったり、アイロンにワックスがつかないように巻きつけて使います。

アイロン
（アルミホイルで保護する）
キャンドルを仕上げるときに使います。ワックスがつくと衣服に使用できなくなるので、アルミホイルを巻いて保護します。

はさみ、カッター
芯材を切ったり、型を作るときに使います。一般的なものでOK。

軍手、キッチンペーパー
芯を作るときに芯をキッチンペーパーで拭き取ります。熱いワックスに触れるので、軍手をします。

ハンディのこぎり
紙製の筒をカットするときに使います。工作用の小さいタイプが扱いやすくて便利です。

かきべら
固まったワックスをかき取ったり形を整えるときに使用。陶芸用か、なければ小さなスプーンで代用できます。

ナイフ
粘土の原型を作るときに、粘土を削って表情を出すときに使用。なければカッターを使いましょう。

モールドクリーナー
道具についたワックスを落とすクリーナー。布やティッシュペーパーに染み込ませて拭き取ります。

基本の作り方と技法

キャンドルは、ワックスを溶かし、色をつけ、型に注いで作ります。
金型を使うキャンドルで、基本的な流れと技法を理解しましょう。

基本の作り方

1 型の準備をする
金型に、離型剤を吹きつけておきます。

2 芯をつける
コーティングをした芯を金型の裏側から差し込み、固定します（右ページ参照）。

3 ワックスを計る
ワックスをデジタルスケールで計量します（写真はパラフィンワックス100ｇ）。

4 ワックスを溶かす
ワックスをビーカーに入れ、指定の温度を設定したIHヒーターで、温度を確認しながら溶かします。

5 着色をする
ワックスが溶けきったら、使い捨てビーカーに着色する分を入れ、顔料（ここでは緑）を加えます。

6 混ぜる
軽くかき混ぜます。顔料は少しずつ加えながら、色を調節しましょう。写真では白色も加えています。

7 ワックスを注ぐ
ワックスを型に流し込みます。

8 固める
④で着色したワックスも注ぎ、20分ほど放置します。冷え固まり、収縮して凹みができます。

9 凹みを埋める
⑦で余ったワックスを再度溶かし、⑧の凹んだところに注ぎます。

10 芯を立てる
芯がまっすぐに立つように、指で軽くつまんで引っぱって整えたあと、20分ほど放置します。

11 型から抜く
冷めて固まったら、芯を固定していたシールをはがし、芯をつかんでキャンドルを引き抜きます。余分な芯はカットします。

12 できあがり
上に半透明の層ができた、グリーンベースのキャンドル。顔料に白色を加えることで淡い色を表現できます。

色をつける

顔料について

顔料はキャンドル専用の粉状のものを使います。オレンジ、ピンク、紺、青、緑、茶、黒、白、黄の9色を使います。

/ 色のつけ方 /

① 顔料を入れる

着色はワックスが冷えないうちに素早く作業します。プラスチックスプーンで少量ずつ加えます。

② 混ぜる

色は混ぜ合わせることもできるので、好きな色を少しずつ混ぜてみましょう。

/ 色作りのポイント /

White -白-

白色をプラスすると、やさしくやわらかな色になります。

Black -黒-

白を加え、さらに少しだけ黒を加えると落ち着いた雰囲気が生まれます。

にごりやすい色

色の組合せを考えるときに、補色の関係に気をつけます。右図の反対の関係にある補色は混ぜるとにごりやすくなります。

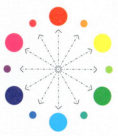

芯をつける

芯材について

キャンドル専用の芯は、燃焼時にほつれにくく作られています。芯が太いほど、炎の高さが高く、ワックスの溜まる池（プール）の幅が広くなります。芯の種類は豊富にありますが、本書では日本製組芯の「6×3+2」と「4×3+2」、Hタイプと呼ばれる「H104」の3種類を用意します。

/ 芯の下処理 /

① ワックスに芯を浸す

パラフィンワックス200gをホーロービーカー（500ml）に入れて溶かし（70℃）、芯をワックスに浸します。

② 芯をコーティングする

芯を引き上げ、キッチンペーパーでしごいて、余分なワックスを拭き取ります（熱いので軍手をはめて作業します）。

《 金型 》

金型には芯を刺したあとにシールやガムテープで穴をふさぎます。

《 シリコンゴム型 》

シリコンゴムで作った型には、芯をはさむ切り込みを入れ写真のように通します。

《 あとからつける 》

まだあたたかくやわらかい状態のキャンドルに、竹串で底が突き抜けない程度に穴をあけて芯を入れます。

《 固定の仕方 》

ワックスを流す前の型に、芯を固定するときは、竹串を渡してそこに巻きつけるように固定します。

原型の作り方

原型とは、作りたいキャンドルそのものの形をした模型のことです。
この本では、質感や表現の違いが出せる、粘土や石こうで原型を作ります。

粘土の原型

使う道具 油粘土、カッター、六角形の抜き型（製菓用）、竹串
（この本で油粘土はLion Chemical Industry co.,Ltd.のLionClayを使用）

/ 削った質感を作る /

①ボーダー柄キャンドル（p.22）の原型を作ります。油粘土を用意します。

②カッターで使う分だけカットします。残った粘土は、ラップ等に包んで保存しておきます。

③ボーダー柄キャンドルの大きさを切り出したところ。縦9cm、横3cm、高さ3cmの直方体を作ります。

④カッターで削って形を出していきます。手で支えながら、カッターの刃に注意してゆっくり削ります。

⑤削った質感を出すために、細かい箇所はカッターを握って親指を添え、皮をむくように削ります。

⑥先のとがったところは、刃を外側にむけて少しずつ細かく削ります。

⑦原型のできあがり。机などに置いてみて、キャンドルを想像しながらサイズを確認し形を整えます。

/ 型抜き＋模様つけ /

①ハニーキャンドル（p.12）の原型を作ります。六角形の型と粘土（厚さ25mm）を用意します。

②粘土を型抜いたところ。型は粘土に乗せ、押し切るように抜きます。

③飾りのふちをつけます。ふちは幅3mmの棒状の粘土を作り、つけていきます。

④ふちのつなぎ目を埋めます。竹串でならすように埋めておくと仕上がりがきれいです。

⑤鳥の模様を作ります。厚さ3mmにカットした粘土に型紙（p.74のD）を乗せ、竹串で粘土に描き写します。

⑥竹串で描いた模様をカッターで切り取ります。形を少しずつ変えるとキャンドルの表情が出せます。

⑦鳥の模様を④の上に並べて、原型の完成。軽く押さえつけるようにしてはがれないようにします。

石こうの原型

使う道具 石こう、紙コップ、わり箸、紙製の筒（作りたいキャンドルのサイズ）、プラスチックスプーン、竹串、パレットナイフ、トレーシングペーパー、鉛筆

/ 円柱を作る /

① 石こうと水を計り、混ぜ合わせます（石こうは多めに作ります。水との割合は石こうにより異なるので、付属の説明書を参照してください）。

② わり箸でよくかき混ぜます。石こうの粉がなくなるように底のほうから丁寧に。

③ クッキングシートを敷いた上に紙製の筒を置き、石こうを流し入れます。

④ 1〜2日置いておくと石こうが固まります。固まったら紙製の筒をはがしておきます。

/ 削った質感を作る /

① 絵柄や質感をつける石こうペーストを作ります。スプーン1杯くらいの石こうを紙コップに用意します。

② 石こうと水が1：1になるように水を加えます。

③ パレットナイフでよく混ぜ、ペースト状にします。

④ 石こうのペーストを円柱に塗り、凹凸のある質感を表現していきます。

⑤ ペーストを塗り終わったところ。石こうの繊細な凹凸ができました。

⑥ 図案（p.74）をトレーシングペーパーに鉛筆で写し取り、下絵を作ります。鉛筆を濃く描きます。

⑦ ⑥で描いた面が石こう側になるようにセロハンテープで留め、石こうに黒鉛がつくように下絵をしっかりなぞります。

⑧ なぞり終わり、絵柄が石こうに転写されました。うすい場合は鉛筆で描き加えます。

⑨ 石こうペーストを絵柄に添って盛りつけます。竹串の背を使い、ペーストを少しずつ乗せていきます。

⑩ 細かいところからはみ出たペーストは、竹串の先で削りとるように整えます。

⑪ ペーストを乗せ終わったところ。乾いたら、原型の完成です。

型の作り方

市販の型のほか、紙の箱型や、原型をもとに作るシリコンゴム型など、ワックスを注ぐための型を作ります。

市販の型の使い方

① 金型、ポリカーボネート型には、シリコン離型剤を吹きつけて、キャンドルを抜きやすくします。

② 型の穴に芯を通し、テープで穴をふさいだ後、竹串などを芯に刺すか、巻いて芯を固定します。

/ 特徴 /

ポリカーボネート製の型
透明で中身が確認しやすいです。エッセンシャルオイルは劣化の原因になるので使えません。

アルミ製の金型
円柱、角柱などのサイズが豊富です。香りをつけられ、耐熱にも優れています。

紙製の筒
1mくらいの長い状態で売られており、ハンディのこぎりで好きな長さに切って使います。

紙の箱型

使う道具 方眼ボール紙（なければ厚紙）、ガムテープ、アルミホイル

① 方眼ボール紙を用意します。ここでは p.26 の鳥のキャンドルで使う箱を作ります。

② 写真のように重ね分をつけた箱の展開図でボール紙を切り取ります（箱のサイズは p.79 参照）。

③ 重ね分を折りながら、箱を組み立てます。折りにくい場合はカッターで浅く折り筋を入れるとよいでしょう。

④ ガムテープで貼りつけて、箱型のできあがり。ワックスが漏れないようにしっかりと留めます。

/ 箱型の使い方 /

① 箱型は、キャンドルシート（p.42 参照）を使って四角いキャンドルを作るのに適しています。

② キャンドルシートで4面を囲んだら、中にパラフィンワックスを粒のまま 2/3 まで入れます。

③ 80℃に溶かしたパラフィンワックスを注ぎます。少し固まり、芯をつけ、色をつけたワックスで埋めて完成。

シリコンゴム型

使う道具 粘土で作った原型、バリヤーコート、筆、シリコンゴム液、使い捨てビーカー、紙コップ、カッター、輪ゴム

①粘土で原型を作ります。ここでは、p.22のボーダー柄キャンドルの型を作ります。

②シリコン型から原型をはがしやすくするために、筆でバリヤーコートを塗ります。

③左ページを参考に、原型より一回り大きく紙の箱型を作り、原型を中心に設置します。

④シリコンゴム液を使い捨てビーカーに必要量を計ります（ここでは100g）。硬化材の分量は説明書を参照します。

⑤シリコンゴム液に硬化材を入れ、わり箸でよく混ぜます。このとき空気が入らないようにします。

⑥③の箱の中に、シリコンゴム液を注ぎます。原型がしっかりと埋まるまで流し込みます。

⑦シリコンゴムが固まったら、箱から取り出します。

⑧シリコンゴムを縦半分に中央からカッターを使ってカットします。

⑨カットしたところ。原型の粘土も一緒にカットしてしまってOK。

⑩シリコンゴムから原型の粘土を取り外します。細かい箇所は竹串などで粘土をかき出します。

⑪シリコンゴム型の片方に、芯を通す溝をカッターを使って切り込みます。

⑫シリコンゴム型のできあがり。

いろいろなシリコンゴム型

好きな原型を石こうや粘土で作り、そのままキャンドルにできるのがシリコンゴム型のいいところ。オリジナルを作って楽しみましょう！

シリコンゴム型にワックスを注ぐときには、すきまなく輪ゴムでしっかり形を整え固定しておくこと！ 芯を通して竹串で固定して支えておきます。

キャンドルシートの作り方

ワックスを板状にしたキャンドルシートで、模様を表現する作品もあります。
和菓子の羊かん程度にやわらかい状態で、冷めないうちに作品に使うのがコツです。

基本の作り方

使う道具 パラフィンワックス＋マイクロワックス（5％）、アルミホイル、方眼ボール紙（なければ厚紙）、クッキングシート

①作るシートのサイズに切ったボール紙を、四方を3cm分大きくとったアルミホイルの上に乗せます。

②ボール紙に合わせてアルミホイルの周りを立て、箱型を作り、ボール紙をはずします。

③アルミホイルの箱型ができました。四隅はワックスが流れ出ないように、しっかりと折りたたみます。

④シートにするワックスを溶かして用意します。ここではパラフィンワックス＋マイクロワックスを100g使っています。

⑤アルミホイルの箱にワックスを3mmの厚さになるように注ぎます。そのまま10分ほど冷まします。

⑥10分経ったら、指で触って固さを確かめます。指で軽く押してみて、羊かん程度の固さになるまで冷まします。

⑦アルミホイルの箱型から素早くはがします。触れないほど熱い場合は少し冷ましてからはがします。

⑧パラフィンワックスのシートができました。やわらかいうちに、必要な作品に使います。

型を抜く

使う道具 キャンドルシート（やわらかい状態）、抜き型（丸・製菓用）

①水玉模様のキャンドル（p.20）の水玉模様は、パラフィンワックスのシートに丸型で手早く抜きます。

②抜き終わったところ。やわらかいうちに、必要な作品に使います。すぐに冷えて固まるので素早く次ぎの工程へ。

/ キャンドルシートを使った作品例 /

木の絵のシート　　マーブル模様のシート　　ドット模様のシート

マーブル模様のシートの作り方

使う道具 パラフィンワックス＋マイクロワックス（5%）、顔料（好きな色を3色分）、方眼ボール紙、アルミホイル

① 着色したパラフィンワックスを3色用意します。ワックスは必要な量を溶かして小分けにしてから、顔料で着色します。

② p.36の「基本の作り方」を参考にアルミホイルで箱を作り、ワックスを何度かに分けて垂らします。

③ パラフィンワックス＋マイクロワックス100gを溶かし、②の上からシートの厚さが3mm程度になるように注ぎます。

④ 指で軽く押して羊かん程度の固さになったら、箱から取り出します。やわらかいうちに必要な作品に使います。

ドット模様のシートの作り方

使う道具 色をつけたキャンドルシート（やわらかい状態）、抜き型（小丸・製菓用）、パラフィンワックス＋マイクロワックス（5%）

① p.36の「基本の作り方」を参考に顔料で色をつけたシートを作り、やわらかいうちに小丸型で型抜きます。

② 黄、青、白、グレーでシートを作り、型抜いた丸と抜き跡のあるシート。これらを組み合せていきます。

③ シートを細かく好きな大きさに割ります。

④ p.36の「基本の作り方」を参考にアルミホイルで箱を作り、③のシートをランダムに並べます。

⑤ 抜き跡の穴に、型抜いた丸を好きな色を選びながら埋め込みます。

⑥ 並べたところ。このとき、丸を埋め込まない穴は後に注ぐワックスの白色になります。

⑦ 白色に着色したワックス100gを溶かし、⑥の上からシートの厚さが3mm程度になるように注ぎます。

⑧ 指で軽く押して羊かん程度の固さになったら、箱から取り出します。やわらかいうちに必要な作品に使います。

木の絵を切り出す

使う道具 みつろうのシート、木の絵柄（p.77）、竹串、カッターマット（またはダンボール）、カッター

① 白色に着色したみつろうのシートを用意し、竹串で木の絵を描きます。木の絵柄（p.77）を乗せてなぞってもOK。

② 下絵が描けたところ。やわらかいうちに手早く描きます。

③ 下絵が描けたら、カッターで木の模様を手早く切り抜きます。

④ 木の絵のシートの完成。やわらかいうちに必要な作品に使います。

ボタニカルキャンドルの作り方

ドライフラワーや押し花、スパイスを使ったボタニカルキャンドル。
エッセンシャルオイルで香りをつけて、飾り用としてお楽しみください。
＊ドライフラワー類は燃えやすいため、このキャンドルには火をつけないでください。

ドライフラワー＆スパイスのキャンドル

使う道具 市販の金型（直径7.5cm）、金型と同じ高さの紙製の筒（直径5.1cm）で作ったキャンドル（パラフィンワックス）

① 金型とキャンドルを用意します。キャンドルは芯をつけておきます。

② 金型の穴をガムテープでふさぎます。この場合、金型の底面がキャンドルの底面になります。

③ キャンドルを金型の中心に置きます。ずれてしまうときは、少量のワックスを金型に垂らしキャンドルを固定します。

④ スパイスとドライフラワーをできあがりの側面をイメージしながらすき間に詰めていきます。

⑤ 小さいものはわり箸を使ってすき間を埋めていきます。

⑥ パラフィンワックスを溶かし、エッセンシャルオイルで香りをつけて、型いっぱいに注ぎます。

⑦ 20分ほど冷まします。縮んで凹みができた場合は、パラフィンワックスを注ぎ足します。

⑧ できあがり。浮き出る花の色がきれいなボタニカルキャンドル。お部屋に飾って楽しみます。

押し花とソイワックスのキャンドル

使う道具 ソイワックスのキャンドル（香りをつけたもの）、押し花、接着剤、竹串、ピンセット

① 接着剤、竹串、ピンセットを用意。接着剤は厚紙の上に少しずつ出して使います。

② 接着剤を竹串の先ですくいとり、押し花をつけたい位置に少量のせます。

③ 押し花をピンセットでつかみ、接着剤の上に貼りつけます。花が破れないように軽く押さえます。

④ できあがり。好きな花の組合せを考え、押し花で飾りつけましょう。

/押し花/

市販の押し花のほかに、自分で作った押し花を貼ることもできます。

/きれいに仕上げるディッピング法/

① パラフィンワックスを溶かし（90℃）、芯を持ってキャンドルを浸します。

② ゆっくり引き上げて冷ませば、光沢のあるキャンドルに。

ディッピングとは、キャンドルの外側をコーティングすること。表面がなめらかになり、ツヤが出たり、押し花などが落ちにくくなります。

アロマワックスプレートの作り方

ソイワックスを使って、エッセンシャルオイルの香りを楽しむサシェを作りましょう。
好きなドライフラワーやスパイスでデザインします。

使う道具 ソイワックス、エッセンシャルオイル、ドライフラワー、スパイス、方眼ボール紙、きり、ひも（麻ひもなど）

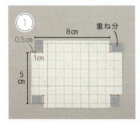

① ボール紙を写真のように切り取り、ガムテープで留めて箱型を作ります（p.79参照）。

② 箱型のとなりに、できあがりをイメージして好きなドライフラワーやスパイスを並べます。

③ ソイワックスを溶かし（75℃）、エッセンシャルオイルで香りをつけ、箱型に注ぎます。

④ ドライフラワーやスパイスをワックスに軽くしずめるようにして並べます。

⑤ 並べ終わったところ。このまま冷まします。

⑥ 冷えてしっかりと固まったら箱型から取り出します。

⑦ きりなどでひもを通す穴をあけます。

⑧ 穴にひもを通してできあがり。部屋の壁に飾ったり、贈り物に添えてプレゼントしましょう。

/ スパイス & ドライフラワー /

ボタニカルキャンドルやアロマサシェには、好きなドライフラワーとスパイスを使ってみましょう。
プリザーブドフラワーでも代用できます。

ポプラコーン／ユーカリの実／スギの実／スパイスミックス／千日紅／ビリーホワイト／ピンクペッパー

香りについて

エッセンシャルオイルを使って、キャンドルに香りをつけましょう。
キャンドルに合わせる香りの種類や特徴、ブレンドについて紹介します。

エッセンシャルオイルとは100％天然の精油のこと。アロマオイルは精油をブレンドしたり、他の化合物を配合したもので、それぞれ種類も価格帯もさまざま。

アロマキャンドルを楽しみましょう

エッセンシャルオイルやアロマオイルを入れたキャンドルは、火を灯せばふんわりと心地よい香りが漂います。作る過程や置いておくだけでも香りが楽しめるアロマキャンドル。心地いい香りで心を穏やかにし、リラックスした時間を過ごしましょう。

香りは、キャンドルの総重量に対して6％までの量が適量。ブレンドもできるので、オリジナルの香りをつけたキャンドルも作れます。香りの特徴を知って、自分だけのアロマキャンドルを作ってみましょう。

ノートとは

19世紀フランスで生まれた、香りの分類方法。
ブレンドされた香りは時間と共に変化します。
ブレンドには各ノートを1種類ずつ用意するとよいでしょう。

ブレンドするときに

右ページ上の「ブレンドファクター（香りの強さ）」は、1が最も強い香り、9を弱い香りとして分類しています。例えば「ベチバー」と「マンダリン」をブレンドするときに、ベチバー1滴に対してマンダリンは8滴加えないと、強い香りのベチバーにマンダリンが負けてしまう、というように考え、ブレンドする目安にします。「香りのグループ」は隣同士の香りは調和しやすくブレンドしやすい香りの関係です。ブレンドするときは、香りを少しずつ紙にとり、香ってブレンドのイメージを試しておきます。心地よいブレンドは、3つのノートがバランスよくお互いを引き立てます。自分の主観やその日の体調に合わせ好きなブレンドを試しましょう。

ワックスに混ぜる香りは、熱で香りが蒸発しやすいので、できあがるキャンドルの全体の6％分の量を加えます。作るキャンドルの総量を100gとすれば、香りは6g用意します。

ノートの種類

トップノート 空気中にすぐに蒸発し、第一印象を決める香りです。柑橘系や緑の香りなどシャープで強いものが多いですが、香りが飛びやすいのでキャンドルには多めに入れます。	・マンダリン ・グレープフルーツ ・ティートリー ・ペパーミント ・ユーカリ ・レモングラス ・レモン
ミドルノート ブレンドの基本となる香り。フローラル系がよく用いられます。イメージの中心になるので、ミドルノートばかりをブレンドするとぼやけることも。	・サプレス ・ジンジャー ・ゼラニウム ・ラベンダー ・ブラックペッパー ・カモミールローマン
ベースノート ゆっくり蒸発し、安定して香りが続きます。木の樹脂系やムスクのような、重みのある落ち着いた香り。数時間続くのでそばに置いて心地よい分量を調節します。	・イランイラン ・サンダルウッド ・シダーウッド ・シナモン ・フランキンセンス ・ベチバー

ブレンドファクター（香りの強さ）

強

1　ベチバー、シナモン
2　イランイラン
　　ジンジャー、カモミール
　　ティートリー
3　ペパーミント
　　ユーカリ、レモングラス
　　ローズマリー
4　ゼラニウム
　　フランキンセンス
　　サイプレス
5　シダーウッド
　　ブラックペッパー
　　ローズウッド
6　オレンジスイート
　　グレープフルーツ
7　ラベンダー
8　サンダルウッド
　　マンダリン
9　レモン

弱

香りのグループ
となり同士の香りはブレンドしやすい関係

やさしい花の香り
フローラル
・ローズ
・ラベンダー
・ゼラニウム

さわやかな柑橘系の香り
シトラス
・オレンジ
・グレープフルーツ
・レモン

個性のあるオリエンタルな香り
エキゾチック
・イランイラン
・サンダルウッド
・ベチバー

野原をイメージさせるハーブの香り
ハーバル
・ペパーミント
・ローズマリー
・スイートマジョラム

神聖な深い樹脂の香り
バルサム
・フランキンセンス
・ミルラ

香辛料のスパイシーな香り
スパイス
・シナモン
・ジンジャー
・ブラックペッパー

木々の力強い香り
ウッディー
・シダーウッド
・ティートリー
・ユーカリ
・サイプレス

キャンドルへの香りのつけ方

① エッセンシャルオイルやアロマオイルで好きなブレンドを用意します。

② 溶かしたワックスに香りを入れます。ベース、ミドル、トップの順番で加えます。

③ ②の温度を確かめて香りが飛ばないうちにすぐに型に注ぎましょう。

④ できあがったキャンドルは、火をつけなくてもゆっくり香りが広がり、置いておくだけで楽しめます。

おすすめのアロマブレンド

この本で使ったキャンドルにつける香りのブレンドや、おすすめのブレンドを紹介します。
この割合を参考に好きなブレンドを作ってみましょう。

＊ここではオイルの総量を6gで表記しています。キャンドルに加えるときは、ここの割合を参考にして、
キャンドルの総量の6%の量になるようにオイルの量を計ります。
下記は上から、ベース、ミドル、トップの順でワックスに入れる順番になっています。

♦ Mimosa
ミモザブレンド

明るくやわらかな
オレンジベースの香り

フランキンセンス ……… 0.5g
ラベンダー ……………… 2g
オレンジ ………………… 2g
ベルガモット ………… 1.5g

♦ Wild Vine
山ブドウブレンド

さわやかで
深みのある香り

シダーウッド …………… 0.5g
ローズウッド …………… 0.5g
オレンジ ………………… 3g
ユーカリ ………………… 2g

♦ Hungary
ハンガリーブレンド

花ベースの
華やかな香り

ゼラニウム ……………… 2g
ローズマリー …………… 1g
ラベンダー ……………… 1g
オレンジ ………………… 2g

♦ Bretagne
ブルターニュブレンド

上品でスパイシーな
花の香り

パルマローザ …………… 1g
ローズウッド …………… 1g
ラベンダー ……………… 2g
ゼラニウム ……………… 1g
ブラックペッパー ……… 1g

♦ Fir tree
もみブレンド

森林のような
さわやかな香り

サイプレス ……………… 2g
ユーカリ ………………… 2g
レモングラス …………… 2g

♦ Spice
スパイスブレンド

スパイシーで
あたたかみのある香り

シナモン ……………… 0.25g
イランイラン ………… 0.25g
ローズウッド ………… 1.5g
オレンジ ………………… 3g
ユーカリ ………………… 1g

♦ Lavender
ラベンダーブレンド

ラベンダー調の
安らぐ香り

ラベンダー ……………… 3g
ゼラニウム ……………… 1g
オレンジ ………………… 1g
パルマローザ …………… 1g

♦ Eucalyptus
ユーカリブレンド

清潔感のある
すっきりした香り

ユーカリ ………………… 3g
レモングラス …………… 2g
ペパーミント …………… 1g

♦ Rose
ローズブレンド

高級感のある
バラ調の香り

ローズウッド …………… 2g
ゼラニウム ……………… 2g
パルマローザ …………… 2g

各作品の作り方

キャンドル作品の作り方を紹介します。
基本の作り方に目を通し、
必要な技法を確認してから作品を作りましょう。

〈表記の見方〉

材料（各1本分）

パラフィンワックス … 60g
パームワックス … 40g
芯 … 9cm（4×3+2）＊1
顔料 … 白、黒、青、緑
アクリル絵の具
　… パーマネントイエロー、
　　ダンディライオン、
　　オリーブグリーン、
　　グレイシュベージュ

使う型

原型：石こう ＊2
型：シリコンゴム型 ＊3

エッセンシャルオイル配合 ＊4

ミモザブレンド
（総量6g＝フランキンセンス0.5g、ラベンダー2g、オレンジ2g、ベルガモット1.5g）

絵柄

実物大図案B（p.74）＊5

＊1 芯の長さと種類を表記しています。
＊2 型のもとになる原型の素材の種類を表記しています。p.38参照。
＊3 原型を使って作る型の素材の種類を表記しています。p.40参照。
＊4 香りのつけ方はp.47参照。
＊5 絵柄の入れ方はp.39参照。

キャンドルを作る前に

これまでに紹介できなかった、
キャンドルを作るときの注意点や片づけの方法などを紹介します。

製作する環境

溶かしたワックスが飛んだり、こぼれたりすることがあります。汚れてもいい服を着てエプロンをつけ、作業台には新聞紙などを敷いておくといいでしょう。テーブルの上のようになるべく広い場所で作ります。

掃除の仕方

ワックスがついた道具は熱湯でワックスをやわらかくして拭き取るか、モールドクリーナーなどの専用の溶剤で拭き取ります。熱いうちの作業なので火傷に注意します。また、排水口にワックスを流すのは、詰まりの原因になるので避けます。可燃ゴミとして地域指定の方法で処理しましょう。

仕上げのアイロンがけ

できあがったキャンドルの表面をきれいに整えるために、アイロンを当てます。熱で表面を薄く溶かすので、溶けたワックスが下に落ちてもいいよう、ステンレス製のバットなどを受け皿にしておきます。アイロンはワックスがつくと衣服用として使えなくなるため、写真のようにアルミホイルでしっかり保護しましょう。

製作の心がけ

キャンドルの製作にはタイミングが重要です。温度によって出来ばえが変わるので、何度か作ってタイミングをつかみましょう。まずは作業の準備を整え、温度や手順を守って慌てずに作ることが大切です。

ワックスの保存

作品は多めのワックスを使うと十分に作業がしやすいですが、ワックスが余ることがあります。余ったワックスは紙コップに種類ごとに入れ、ワックスの名前を書いて保管します。何度も加熱すると酸化して劣化してしまうので、早めに使い切りましょう。

＊火傷に注意します。扱いに慣れるまでは
軍手をはめて火傷を防ぎましょう。

① アイロンは、スチームの穴があいていないドライ専用のものが向いています。

② アイロンはキャンドルに使ったあとは衣服に使えなくなるため、アルミホイルでしっかり覆っておきましょう。

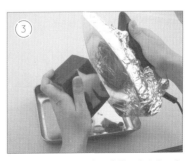

③ キャンドルの表面に中〜高温にあたためたアイロンを軽く当てます。溶けたキャンドルの受け皿にステンレス製のトレーを使います。

p.06

Bretagne
ブルターニュ

(直径5.1cm、高さ10cm、総量約170g)

アクリル絵の具の色
ホワイト or
ゴールドディープ or
パールホワイト

顔料の色
白、黒、青、緑
などを混ぜる

材料（各1本分）

パラフィンワックス … 100g
パームワックス … 70g
芯 … 15cm（6×3+2）
顔料 … 白、黒、青、緑
アクリル絵の具
　… ホワイト、ゴールドディープ、
　　パールホワイト

使う型

原型：石こう
型：シリコンゴム型

エッセンシャルオイル配合

ブルターニュブレンド
(総量10g＝パルマローザ1g、ローズウッド1g、ラベンダー4g、ゼラニウム3g、ブラックペッパー1g)

絵柄

実物大図案 A（p.73）

作り方

1　石こうと図案 A を使って、原型を作る（p.39 参照）。
2　原型をもとに、シリコンゴム型を作る（p.41 参照）。
3　シリコンゴム型に芯をセットし、輪ゴムでとめておく。
4　すべてのワックスを計ってビーカーで溶かす（80℃）。
5　ワックスが溶けたら、エッセンシャルオイルと顔料を入れ着色する。
6　顔料がきれいに混ざったら、シリコンゴム型に注ぐ
　　（ワックスは少し余る）。
7　ワックスが固まり、凹みができたら残りのワックスを溶かして注ぐ。
8　7が冷えて固まったら、シリコンゴム型から取り出して、
　　アクリル絵の具で着色し、完成。

p.08

Mimosa
ミモザ

(直径5.1cm、高さ6cm、総量約100g)

顔料の色
白、黒、青、緑
などを混ぜる

アクリル絵の具の色
パーマネントイエロー
＋ダンディライオン

アクリル絵の具の色
オリーブグリーン

アクリル絵の具の色
グレイシュベージュ

材料（各1本分）

パラフィンワックス … 60g
パームワックス … 40g
芯 … 9cm（4×3+2）
顔料 … 白、黒、青、緑
アクリル絵の具
　… パーマネントイエロー、
　　ダンディライオン、
　　オリーブグリーン、
　　グレイシュベージュ

使う型

原型：石こう
型：シリコンゴム型

エッセンシャルオイル配合

ミモザブレンド
（総量6g＝フランキンセンス0.5g、ラベンダー2g、オレンジ2g、ベルガモット1.5g）

絵柄

実物大図案 **B**（p.74）

作り方

1 石こうと図案 B を組み合わせて使い、原型を作る（p.39 参照）。
2 原型をもとに、シリコンゴム型を作る（p.41 参照）。
3 シリコンゴム型に芯をセットし、輪ゴムでとめておく。
4 すべてのワックスを計ってビーカーで溶かす（80℃）。
5 ワックスが溶けたら、エッセンシャルオイルと顔料を入れ着色する。
6 顔料がきれいに混ざったら、シリコンゴム型に注ぐ
　（ワックスは少し余る）。
7 ワックスが固まり、凹みができたら残りのワックスを溶かして注ぐ。
8 7が冷えて固まったら、シリコンゴム型から取り出して、
　アクリル絵の具で着色し、完成。

＊2種類の図案を回転、反転させて、バランスよく絵柄を配置して型を作る。

p.09

Wild Vine
山ブドウ

（直径5.1cm、高さ10cm、総量約175g）

アクリル絵の具の色

- ディープグリーン
- ブルーバイオレット＋ディープパープル
- ホワイト
- セピア
- ターコイズブルー＋ニュートラルグレー7
- ニュートラルグレー7
- パーマネントイエロー

材料（各1本分）

パラフィンワックス … 100g
パームワックス … 70g
芯 … 15cm（4×3+2）
顔料 … 白、黒、青
アクリル絵の具
　… ディープグリーン、
　　ブルーバイオレット、
　　ディープパープル、セピア、
　　ターコイズブルー、
　　ニュートラルグレー7、
　　パーマネントイエロー、
　　ホワイト

使う型

原型：石こう
型：シリコンゴム型

エッセンシャルオイル配合

山ブドウブレンド
（総量10g＝シダーウッド1g、ローズウッド1g、オレンジ5g、ユーカリ3g）

絵柄

実物大図案 **G**（p.75）

作り方

1. 石こうと図案 **G** を使って、原型を作る（p.39 参照）。
2. 原型をもとに、シリコンゴム型を作る（p.41 参照）。
3. シリコンゴム型に芯をセットし、輪ゴムでとめておく。
4. すべてのワックスを計ってビーカーで溶かす（80℃）。
5. ワックスが溶けたら、エッセンシャルオイルと顔料を入れ着色する。
6. 顔料がきれいに混ざったら、シリコンゴム型に注ぐ（ワックスは少し余る）。
7. ワックスが固まり、凹みができたら残りのワックスを溶かして注ぐ。
8. 7 が冷えて固まったら、シリコンゴム型から取り出して、アクリル絵の具で着色し、完成。

Elm Forest I
エルムの森でI

小（直径5.1cm、高さ5.5cm、総量約90g）
大（直径7.5cm、高さ9.5cm、総量約400g）

顔料の色
白

材料（各1本分）

〈小〉
みつろう（漂白・シート用）
　… 100g
みつろう … 80g
芯 … 4cm（H104）
顔料 … 白

〈大〉
みつろう（漂白・シート用）
　… 100g
みつろう … 350g
芯 … 4cm（H104）
顔料 … 白

使う型

紙製の筒
〈小〉… 直径5.1cm
〈大〉… 直径7.5cm

絵柄

実物大図案 I（p.77）

作り方

1. アルミホイルで縦12cm×横26cm×高さ2cmのキャンドルシート用の箱を作る。
2. みつろう（漂白）を計ってビーカーで溶かし（70℃）、顔料で白く着色する。
3. 1の箱に注ぎ、キャンドルシートを作る（厚み5mm程度）。
4. シートがやわらかいうちに、木の図案Iを描き、切り取る。
5. みつろうを計ってビーカーで溶かす（70℃）。
6. クッキングシートを敷いた上に紙製の筒を置き、4のシートがやわらかいうちに、紙製の筒の内側に沿ってシートを入れる。
7. 6に5を底面が5mm程度埋まるくらいまで注ぎ、固める。
8. 底面が固まったら、紙製の筒いっぱいにみつろうを注ぐ（70℃）。
9. ある程度ワックスが固まったら、竹串で芯用の穴をあけ、芯を刺し込む。
10. ワックスが固まり、凹みができたら残りのみつろうを溶かして注ぎ、芯をつける（p.37参照）。
11. 10が冷えて固まったら、紙製の筒をはがして完成。

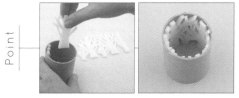

Point

木の絵柄のシートを作ったら、木が1本のところを目安にいくつかに切り分け、型の内側にぐるりと並べる。やわらかいうちに素早く作業する。

p.11

Elm Forest II
エルムの森でⅡ

小（直径5.1cm、高さ5.5cm、総量約90g）
大（直径7.5cm、高さ9.5cm、総量約400g）

顔料の色
白

材料（各1本分）

〈小〉
みつろう（漂白・シート用）
　… 100g
パラフィンワックス … 50g
マイクロワックス … 5g

〈大〉
みつろう（漂白・シート用）
　… 100g
パラフィンワックス … 300g
マイクロワックス … 15g
顔料 … 白（シート用）
芯 … 4cm（4×3+2）

使う型

紙製の筒
小 … 直径5.1cm
大 … 直径7.5cm

絵柄

実物大図案I（p.77）

作り方

1　アルミホイルで縦12cm×横26cm×高さ2cmの
　　キャンドルシート用の箱を作る。

2　みつろう（漂白）を計ってビーカーで溶かし（70℃）、
　　顔料で白く着色する。

3　1の箱に注ぎ、キャンドルシートを作る（厚み5mm程度）。

4　シートがやわらかいうちに、木の図案Ⅰを描き、切り取る。

5　パラフィンワックスとマイクロワックスを計ってビーカーで溶かす（70℃）。

6　クッキングシートを敷いた上に紙製の筒を置き、4のシートが
　　やわらかいうちに、紙製の筒の内側に沿ってシートを入れる。

7　粒状のパラフィンワックスをひと握り入れる。

8　7に5を底面が埋まるくらいまで注ぐ。

9　粒状のパラフィンワックスをひと握り入れる。

10　5の1/4の量を注ぐ。

11　9,10を交互に時間をおかずにくり返し、
　　紙製の筒いっぱいにワックスを注ぐ。

12　ワックスが固まり、凹みができたら残りのパラフィンを溶かして注ぎ、
　　竹串で芯用の穴を開け、芯をつける（p.37参照）。

13　11が冷えて固まったら、紙製の筒をはがして完成。

Point

溶かしたワックスを注ぐ前に、粒状のパラフィンワックスを底面に敷く。粒状のパラフィンを入れることで、ワックスの温度が下がりやすく、底からの漏れも防止できる。

p.13

Honey
ハニーキャンドル（イエロー）

(一辺3cmの六角形、高さ2cm、総量約45g)

材料（各1本分）

みつろう（漂白／シート用）
　… 30g
みつろう … 40g
芯 … 4cm（4×3+2）
顔料 … 白

使う型

原型：粘土、六角形の型（製菓用）
型：シリコンゴム型

絵柄

実物大図案 D、E (p.74)

作り方

1　粘土と図案 D、E を使って、原型を作る (p.38 参照)。

2　原型をもとに、シリコンゴム型を作る (p.41 参照)。

3　シリコンゴム型に芯をセットし、輪ゴムでとめておく。

4　みつろうを計ってビーカーで溶かす（70℃）。

5　3 のシリコン型の、鳥の絵柄の部分に 4 を注ぐ。

6　冷えて固まったら、穴からはみ出たワックスを、
　　かきべら（なければスプーン）で削り取る。

7　みつろうを計ってビーカーで溶かす（70℃）。

8　6 に 7 を注ぐ。

9　冷えて固まったら、シリコンゴム型からはずし、完成。

＊後から注ぐみつろうは、70℃の低温で注ぐことで、先に入れたワックスが溶けない。

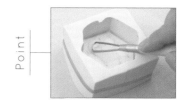

Point

6 で、鳥模様の穴からはみでたワックスを、かきべらで削り取っているところ。

p.13

Honey
ハニーキャンドル（ブルー）

(一辺3cmの六角形、高さ2cm、総量約45g)

顔料の色
白＋青

材料（各1本分）

みつろう（漂白／シート用）
　… 30g
みつろう（漂白）… 40g
芯 … 4cm（4×3+2）
顔料 … 白、青
　※ 好みの色を作る

使う型

原型：粘土、六角形の型（製菓用）
型：シリコンゴム型

絵柄

実物大図案 D、E (p.74)

作り方

1　粘土と図案 D、E を使って、それぞれ原型を作る (p.38 参照)。
2　原型をもとに、シリコンゴム型を作る (p.41 参照)。
3　シリコンゴム型に芯をセットし、輪ゴムでとめておく。
4　みつろうを計ってビーカーで溶かす (70℃)。
5　3のシリコン型の鳥の絵柄の部分に 4 を注ぐ。
6　冷えて固まったら、穴からはみ出たワックスを、
　　かきべら（なければスプーン）で削り取る。
7　みつろうを計ってビーカーで溶かし (70℃)、着色する。
8　6 に 7 を注ぐ。
9　冷えて固まったら、シリコンゴム型からはずし、完成。

＊鳥の絵柄が型に残った場合は、六角形のキャンドルに配置しておけばくっつく。
＊後から注ぐみつろうは、70℃の低温で注ぐことで、先に入れたワックスが溶けない。

Point

10で型からはずすときに、鳥の模様が型に残ってしまったら、温かいうちに竹串などですくいとる。

そのまま、六角形のキャンドルに配置して、置いておくと自然にくっつく。

p.14

Hungary
ハンガリー

（直径5.1cm、高さ6cm、総量約100g）

アクリル絵の具の色
ホワイト、パーマネントブルー、プルシアンブルーなどを混ぜる

顔料の色
青、白、緑、黒などを混ぜる

材料（各1本分）

パラフィンワックス … 60g
パームワックス … 40g
芯 … 9cm（4×3+2）
顔料 … 青、白、緑、黒
アクリル絵の具
　… ホワイト、
　　　パーマネントブルー、
　　　プルシアンブルー

使う型

原型：石こう
型：シリコンゴム型

エッセンシャルオイル配合

ハンガリーブレンド
（総量6g＝ゼラニウム2、ローズマリー1、ラベンダー1、オレンジ2）

絵柄

実物大図案 H（p.76）

作り方

1　石こうと図案 H を使って、原型を作る（p.39 参照）。

2　原型をもとに、シリコンゴム型を作る（p.41 参照）。

3　シリコンゴム型に芯をセットし、輪ゴムでとめておく。

4　すべてのワックスを計ってビーカーで溶かす（80℃）。

5　ワックスが溶けたら、エッセンシャルオイルと顔料を入れ着色する。

6　顔料がきれいに混ざったら、シリコンゴム型に注ぐ（ワックスは少し余る）。

7　ワックスが固まり、凹みができたら残りのワックスを溶かして注ぐ。

8　7が冷えて固まったら、シリコンゴム型から取り出して、アクリル絵の具で着色し、完成。

Point

絵柄は、トレーシングペーパーに濃いめの鉛筆（2B〜4B）で写し取る。

鉛筆がついた面を石こう側にして石こうに巻き、絵柄を転写するように鉛筆でもう一度なぞる。

p.15

Fir tree
もみの木

（直径3.7cm、高さ6cm、総量約65g）

アクリル絵の具の色
セピア＋
ディープグリーン

顔料の色
青、白、緑
などを混ぜる

アクリル絵の具の色
セピア

材料（各1本分）

パラフィンワックス … 50g
パームワックス … 15g
芯 … 9cm（4×3+2）
顔料 … 青、白、緑、茶
アクリル絵の具
　　… セピア、
　　　　ディープグリーン

使う型

原型：石こう
型：シリコンゴム型

エッセンシャルオイル配合

もみブレンド
（総量3g＝ユーカリ1、サイプレス1、レモングラス1）

絵柄

実物大図案 C（p.74）

作り方

1. 石こうと図案 C を使って、原型を作る（p.39 参照）。
2. 原型をもとに、シリコンゴム型を作る（p.41 参照）。
3. シリコンゴム型に芯をセットし、輪ゴムでとめておく。
4. すべてのワックスを計ってビーカーで溶かす（80℃）。
5. ワックスが溶けたら、エッセンシャルオイルと顔料を入れ着色する。
6. 顔料がきれいに混ざったら、シリコンゴム型に注ぐ（ワックスは少し余る）。
7. ワックスが固まり、凹みができたら残りのワックスを溶かして注ぐ。
8. 7 が冷えて固まったら、シリコンゴム型から取り出して、アクリル絵の具で着色し、完成。

＊木の葉の部分に、白をかすれたようにのせれば、まるで雪が降ったようなもみの木が描けます。

Point

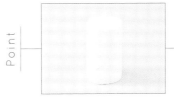

紙製の筒の代わりに、トイレットロールの芯を使って作った、石こうの原型。

トイレットロールの芯には線が入ってしまうので、パレットナイフなどで削り取ってならしてから絵柄を写し取ります。

p.17

Palm two tone
パームのツートーン（球）

（直径6cm、総量約100g）

顔料の色

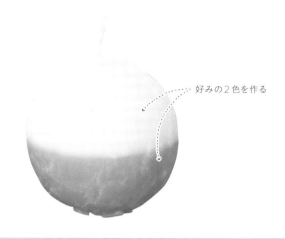

好みの2色を作る

材料（各1本分）

パラフィンワックス … 60g
パームワックス … 40g
芯 … 9cm（4×3+2）
顔料 … 好みの2色を作る

使う型

原型：石こう
型：シリコンゴム型

作り方

1 石こうを使って、原型の球を作る（p.39 参照）。
2 原型をもとに、シリコンゴム型を作る（p.41 参照）。
3 シリコンゴム型に芯をセットし、輪ゴムでとめておく。
4 すべてのワックスを計ってビーカーで溶かす（80℃）。
5 ワックスが溶けたら、2等分し、それぞれ別の色の顔料を入れ着色する。
6 顔料がきれいに混ざったら、1つをシリコンゴム型の半分まで注ぐ。
7 6が固まったら、5で作ったもう1色のワックス（固まっていたら70℃に溶かす）を型いっぱいまで注ぐ。
8 7が冷えて固まったら、シリコンゴム型から取り出して、完成。

Point

① 石こうで球体を作るときは、球体より大きめにした立方体で作り、各面に目安になる円を描いておく。

② ①の円の外側をナイフで少しずつ削り取る。

③ 角を取っていきながら徐々に球体に近づけていく。

④ もとの形と球体に削ったところ。手の中で回転させながら、全体を少しずつ削っていくイメージで。

p.17

Palm two tone
パームのツートーン（円柱）

大（直径5cm、高さ12cm、総量約250g）
小（直径7cm、高さ7cm、総量約250g）

材料（各1本分）

パラフィンワックス … 150g
パームワックス … 100g
芯 … 15cm（6×3+2）
顔料 … 好みの2色を作る

使う型

原型：石こう
型：シリコンゴム型

顔料の色

好みの2色を作る

作り方

1 石こうを使って、原型の円柱を作る（p.39 参照）。
2 原型をもとに、シリコンゴム型を作る（p.41 参照）。
3 シリコンゴム型に芯をセットし、輪ゴムでとめておく。
4 すべてのワックスを計ってビーカーで溶かす（80℃）。
5 ワックスが溶けたら、2等分し、それぞれ別の色の顔料を入れ着色する。
6 顔料がきれいに混ざったら、1つをシリコンゴム型の半分まで注ぐ。
7 6が固まったら、5で作ったもう1色のワックスを型いっぱいまで注ぐ。
8 7が冷えて固まったら、シリコンゴム型から取り出して、完成。

p.18

Botanical
ボタニカル（ドライフラワー）

（直径7.1cm、高さ9cm、総量約280g）

好みの
ドライフラワーを
色をみながら並べる

※ドライフラワー類は
燃えやすいため、
このキャンドルには
火をつけないでください。

材料（各1本分）

パラフィンワックス（A）… 250g
マイクロワックス … 6g
パラフィンワックス（B）… 100g
芯 … 15cm（6×3+2）
ドライフラワー … 好みのもの

使う型

金型（軸になるキャンドル）
　… 直径5cm、高さ9cm
金型（本体）
　… 直径7.1cm、高さ9cm

エッセンシャルオイル配合

スパイスブレンド
（総量16g＝シナモン3g、イランイラン7g、ローズウッド3g、オレンジ8g、ユーカリ4g）

作り方（p.44参照）

1. p.36を参考に、パラフィンワックス（A）とマイクロワックスで軸になるキャンドルを作る。
2. 金型（本体）は離型剤をかけ、穴をガムテープでふさぐ。
3. 軸になるキャンドルを2の金型の中心に置く。
4. ドライフラワーを金型と軸になるキャンドルの間に入れていく。
5. 本体用のパラフィンワックス（B）を計り、ビーカーで溶かす（70℃）。
6. 5にエッセンシャルオイルを入れる。
7. 4の型のすき間いっぱいにワックスを注ぐ。
8. ワックスが固まり、凹みができたら残りのワックスを溶かして注ぐ。
9. 冷えて固まったら型から取り出して完成。

Point

軸になるキャンドルを金型の中心に置いているところ。

ドライフラワーを金型のすき間に入れているところ。

p.18

Botanical
ボタニカル（押し花）

（直径7.1cm、高さ9cm、総量約280g）

好みの押し花をつける

材料（各1本分）

ソイワックス（ハード）… 280g
芯 … 15cm（6×3+2）
接着剤 … 少量
押し花 … 好みのもの
竹串 … 1本

ディッピング用
パラフィンワックス … 200g

使う型

金型 … 直径7.1cm、高さ9cm

エッセンシャルオイル配合

スパイスブレンド
（総量16g＝シナモン3g、イランイラン7g、ローズウッド3g、オレンジ8g、ユーカリ4g）

作り方（p.44参照）

1. 金型に離型剤をかけ、芯をセットしておく。
2. ソイワックスを計り、ビーカーで溶かして（70℃）、エッセンシャルオイルを加える。
3. 金型いっぱいにワックスを注ぎ、冷やして固める。
4. 固まったら、型から取り出す。
5. 接着剤を押し花を貼りたい位置に竹串を使って、少量つける。
6. 押し花を接着剤の上に貼りつける。
7. 5、6をくり返してキャンドルに押し花をつけていく。
8. ディッピング用のワックスを計り、ビーカー（500ml）で溶かす（90℃）。
9. 7の接着剤が固まったら、8で素早くディッピングする。
10. クッキングシートなどの上に置いておき、冷えて固まったら完成。

Point

ディッピングをするときはキャンドル全体が入るビーカーを用意。長い時間つけてしまうとキャンドルが溶けるので、素早く行う。

63

p.20

Polka dot
水玉模様

小(直径4.5cm、高さ8cm、総量約170g)

 顔料の色

好みの色 …… 好みの色

材料(各1本分)

パラフィンワックス … 70g
パラフィンワックス(シート用)
　… 100g
マイクロワックス(シート用)
　… 5g
芯 … 9cm（4×3+2）
顔料 … 白（シート用）
※好みの色を作る
抜き型（丸・製菓用）

使う型

ポリカーボネート製の型
　… 直径4.5cm、高さ8cm

作り方

1 型に離型剤をかけ、芯をセットしておく。
2 アルミホイルで縦6cm×横16cm×厚さ3mmのキャンドルシート用の箱を作る。
3 パラフィンワックス(シート用)を計ってビーカーで溶かし(80℃)、顔料で白く着色する。
4 2の箱に注ぎ、キャンドルシートを作る。
5 シートがやわらかいうちに、丸型で型抜く。
6 1の型に、5の丸型のシートをやわらかいうちに貼りつける。
7 残りのワックスを計り、ビーカーで溶かす(70℃)。
8 6の型いっぱいに7のワックスを注ぎ、冷やして固める。
9 ワックスが固まり、凹みができたら残りのワックスを溶かして注ぐ。
10 固まったら、型から取り出す。

Point

6で丸形のシートを型に貼りつけているところ。

p.21

Two tone
ツートーン

（底の直径3cm、高さ6cm、総量約50g）

材料（各1本分）

みつろう（漂白）… 50g
芯 … 9cm（4×3+2）
顔料
　… 好みの2色または1色を作る

使う型

原型：粘土
型：シリコンゴム型

 顔料の色

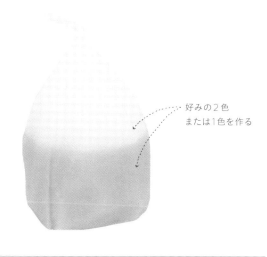

好みの2色
または1色を作る

作り方

1　粘土を使って、原型を作る（p.38 参照）。
2　原型をもとに、シリコンゴム型を作る（p.41 参照）。
3　シリコンゴム型に芯をセットし、輪ゴムでとめておく。
4　ワックスを計ってビーカーで溶かす（70℃）。
5　溶けたワックスを2等分し、それぞれ好きな色に着色する。
6　3に5のワックスの1つを注ぎ、冷やして固める。
7　残りのもう一つのワックスを注ぐ（固まっていたら70℃まで溶かす）。
8　ワックスが固まり、凹みができたら残りのワックスを溶かして注ぐ。
9　冷えて固まったら、シリコンゴム型からはずし、完成。

p.22

Nordic stripe
ボーダー柄

小（長さ5cm、底の直径1.5cm、総量約15g）
大（長さ10cm、底の直径1.5cm、総量約30g）

 顔料の色

青、白、黒などを混ぜる

材料（各1本分）

〈小〉
みつろう … 15g
〈大〉
みつろう … 30g
（各100gで作るのがおすすめ。
ワックスは余る）
芯 … 10cm（4×3+2）
顔料 … 青、白、黒
※好みの色で作る

使う型

原型：粘土
型：シリコンゴム型

作り方

1　粘土を使って、原型を作る（p.38 参照）。
2　原型をもとに、シリコンゴム型を作る（p.41 参照）。
3　シリコンゴム型に芯をセットし、輪ゴムでとめておく。
4　ワックスを計ってビーカーで溶かす（70℃）。
5　溶けたワックスを2等分し、それぞれ好きな色に着色する。
6　3で作った2色のワックスを、交互に注いでいく。
　　型いっぱいまでこれをくり返す。
7　ワックスが固まり、凹みができたら残りのワックスを溶かして注ぐ。
8　冷えて固まったら、シリコンゴム型からはずし、完成。

Point

シリコンゴム型からキャンドルを取り出したら、下からはみ出た芯はぎりぎりのところでハサミでカットしておく。

p.23

Two tone tree
2色の木

小（長さ5cm、底の直径1.5cm、総量約15g）
大（長さ12cm、底の直径1.5cm、総量約50g）

 顔料の色

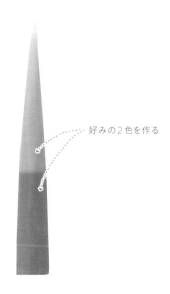

好みの2色を作る

材料（各1本分）

〈小〉
みつろう … 15g

〈大〉
みつろう … 50g
　（各100gで作るのがおすすめ。
　ワックスは余る）
芯 … 10cm（4×3+2）
顔料 … 好みの2色を作る

使う型

原型：粘土
型：シリコンゴム型

作り方

1　粘土を使って、原型を作る（p.38 参照）。
2　原型をもとに、シリコンゴム型を作る（p.41 参照）。
3　シリコンゴム型に芯をセットし、輪ゴムでとめておく。
4　ワックスを計ってビーカーで溶かす（70℃）。
5　溶けたワックスを2等分し、それぞれ好きな色に着色する。
6　**3**に**5**のワックスの1色を注ぎ（70℃）、冷やして固める。
7　**6**に残りのもう1色のワックス（70℃）を注ぐ。
8　ワックスが固まり、凹みができたら残りのワックスを溶かして注ぐ。
9　冷えて固まったら、シリコンゴム型からはずし、完成。

p.24

Dot pattern
ドット柄

(一辺5cm、総量約100g)

🎨 顔料の色

ドット模様：
好みの色で
キャンドルシートを
作り、型で抜く

材料（各1本分）

パラフィンワックス … 80g
パラフィンワックス
（色のシート4枚用）… 300g
パラフィンワックス（シート用）
　… 100g
マイクロワックス（シート用）
　… 25g
芯 … 4cm（4×3+2）
顔料
　… 好みの色でシートを作る
抜き型（小丸・製菓用）

使う型

紙の箱型（p.78）
幅5cm、奥行5cm、高さ5cm

Point

穴の開いたシートと、型抜いたドットのシート。

4のシートがやわらかいうちに、箱の四面に入れる。

作り方

1. アルミホイルで奥行8cm、幅12cm、高さ3cmのキャンドルシート用の箱を作る。
2. パラフィンワックス（色のシート4枚用）を計ってビーカーで溶かし（70℃）、4等分してそれぞれ顔料で好きな色をつける。
3. 1の箱に着色したワックスをそれぞれ注ぎ、羊かんくらいの固さまで冷やして固める（ドット模様になるキャンドルシートが4枚できる）。
4. 3のシートを、抜き型で抜き、ドットと抜いた穴があいたシートを作る。
5. p.43を参考に、4のシートとパラフィンワックス（シート用）を使って、ドット模様のシートを作る。
6. 紙の箱型（縦5cm、横5cm、高さ5cm）を作り、5のシートがやわらかいうちに箱の四面に入れる。
7. 残りのパラフィンワックスを計ってビーカーで溶かし、顔料で着色する（70℃）。
8. 6に分量外の粒状のパラフィンワックスをひと握り入れる。
9. 8に7を型8分目くらいまで注ぐ（70℃）。
10. ワックスがある程度固まったら、竹串で芯用の穴をあけ、芯を刺す。残りのワックスを型いっぱいまで注ぐ（70℃）。
11. 10が冷えて固まったら、紙の箱をはがして完成。
12. 形がいびつだったら、表面にアイロンをかけてならす。

p.27

House
家

小(底面3×3cm、高さ6cm、総重量約25g)
大(底面2×4cm、高さ6cm、総重量約30g)

顔料の色

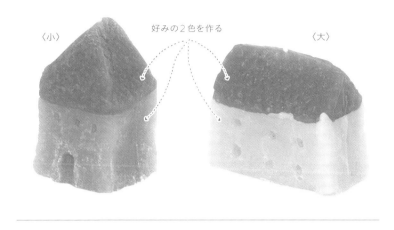

〈小〉 好みの2色を作る 〈大〉

材料(各1本分)

〈小〉
パラフィンワックス … 85g
マイクロワックス … 15g
　(総量100gで作るのがおすすめ)

〈大〉
パラフィンワックス … 85g
マイクロワックス … 15g
　(総量100gで作るのがおすすめ)
芯 … 4cm (4×3+2)
顔料 … 好みの2色を作る

使う型

原型:粘土
型:シリコンゴム型

作り方

1. 粘土を使って、家の形の原型を作る(p.38参照)。
2. 原型をもとに、シリコンゴム型を作る(p.41参照)。
3. シリコンゴム型に芯をセットし、輪ゴムでとめておく。
4. ワックスを計ってビーカーで溶かす(70℃)。
5. ワックスが溶けたら、2等分し、それぞれ別の色の顔料を入れ着色する。
6. 顔料がきれいに混ざったら、1つをシリコンゴム型の半分まで注ぐ。
7. 6が固まったら、5で作ったもう1色のワックスを型いっぱいまで注ぐ。
8. 7が冷えて固まったら、凹みができたら残りのワックスを溶かして注ぐ。
9. すべて冷えて固まったら、シリコンゴム型から取り出して、完成。

Point

原型は、家の形を粘土で作り、家の窓や屋根の模様は、竹串を使って描きます。

家の原型の完成。窓の形や屋根の模様を自由に描いてみましょう。

Bird

鳥
(幅10cm、奥行5cm、
高さ7cm、総量約280g)

 顔料の色

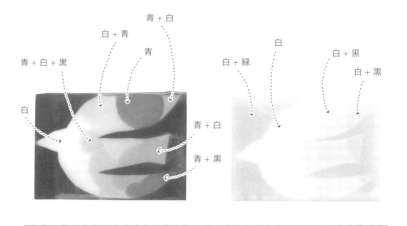

白 / 青＋白＋黒 / 白＋青 / 青 / 青＋白 / 青＋白 / 青＋黒 / 白＋緑 / 白 / 白＋黒 / 白＋黒

📥 材料（各1本分）

パラフィンワックス
（鳥のシート用）… 100g
（青いシート用）… 150g
（本体用）… 100g
芯 … 4cm×2本（4×3+2）
顔料 … 青、白、黒、緑
※好みの色でシートを作る

🔲 使う型

紙の箱型（p.79）
幅10cm、奥行5cm、高さ7cm

🌿 絵柄

実物大図案 **F**（p.74）

作り方

1　方眼ボール紙で、奥行5cm、幅10cm、高さ7cmの紙の箱型を作る。

2　アルミホイルで奥行6cm、幅16cm、厚さ0.3cmの
　　キャンドルシート用の箱を作る。

3　パラフィンワックス（鳥のシート用）を計ってビーカーで溶かし（80℃）、
　　4等分して、顔料で白色を1つとその他3色に着色する。

4　**2**の箱と**3**のワックスを使って、
　　厚さ3mmのマーブル模様のシート（p.43参照）を作る。

5　**4**のシートがやわらかいうちに図案Fをのせ、カッターで鳥の形を切り抜く。

6　アルミホイルで奥行14cm、幅15cm、高さ1cmの箱を作り、
　　右下に**5**で切り抜いた鳥形を置く。

7　ワックス（青いシート用）を溶かし（70℃）、顔料の青で着色して
　　6に流し込んで、羊かんくらいの固さまで冷やして固める。

8　シートを型からはずし、右ページの**8**を参照して4つのシートに切り分ける。

9　シートがやわらかいうちに、**1**で作った箱の4面に入れ込む。

10　分量外の粒状のパラフィンワックス、
　　溶かしたパラフィンワックス（70℃）を入れ、固める。

11　ワックスが固まり、凹みができたら残りのワックスを溶かして注ぎ、
　　芯を刺して完成。

詳しい作り方

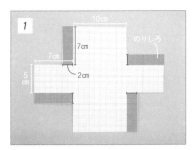

方眼ボール紙で、箱型の展開図を作る。

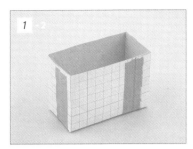

箱型を組み立てたところ。

溶かしたワックス（鳥のシート用）を4等分し、1つは白色に、その他3つはそれぞれマーブルにしたい色をつける。

アルミホイルでキャンドルシート用の箱を作り（p.42）、3の白以外の色を少しずつ流し込む。固まりを置いていくイメージで。

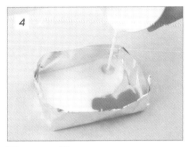

4の全体に3の白色を上からかぶせるように流し込み、羊かんくらいの固さまで冷やして固める。

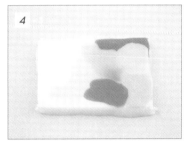

羊かんくらいの固さになったら、箱から取り出す。

図案F（p.74）を白い紙などに写し取り、切り抜いて4のシートの上にのせ、カッターで鳥型に切り抜く。

アルミホイルで、縦14cm、横15cm、高さ1cmの箱を作り右下に切り抜いた鳥型を置く。このときマーブル模様が下を向くように置く。

ワックス（青いシート用）を溶かし（70℃）、顔料の青で色をつけ、6に流し込む。

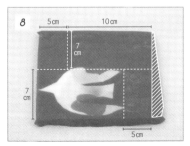

羊かんくらいの固さになったら型からはずし、カッターで写真の点線をカットする。余分なところは取り除く。

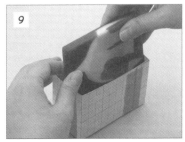

1-2の箱に8のシートを入れ込む。

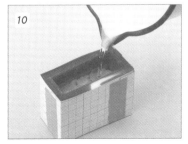

粒状のパラフィンワックス、溶かしたパラフィンワックス（70℃）を入れ、最後に芯をさして完成。

p.28

Aroma Wax Plate
アロマワックスプレート

（縦4cm、横7cm、厚さ0.5cm）

好みの
ドライフラワーを
色をみながら並べる

材料（各1枚分）

ソイワックス … 40g
　（100gで作るのがおすすめ）
ドライフラワー … 好みのもの

使う型

紙の箱型（p.79）
縦4cm、横7cm、厚さ0.5cm

エッセンシャルオイル配合

スパイスブレンド
（総量2g＝シナモン2滴、イランイラン5滴、ローズウッド0.5g、オレンジ1g、ユーカリ0.3g）

作り方

1. p.40を参考に、紙の箱型を作る。
2. ソイワックスを計り、ビーカーで溶かして（80℃）、エッセンシャルオイルを加える。
3. ドライフラワーを用意する。
4. 箱型いっぱいにワックスを注ぐ。
5. 周りがうっすらと白く固まりはじめたら、ドライフラワーをワックスの中に並べる。
6. ワックスが固まったら、箱から取り出す。
7. 好みで穴をあけ、麻ひもなどを通して完成。

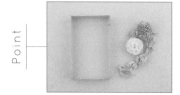

Point

ワックスは注いだ後からすぐに固まりはじめるので、ワックスを注ぐ前にとなりにドライフラワーを並べてデザインを考えておく。

実物大図案

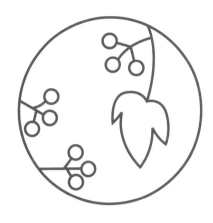

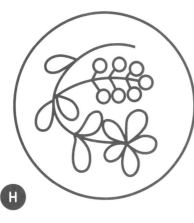

H

I 〈小〉

〈大〉

ドット柄のキャンドルの紙の箱型

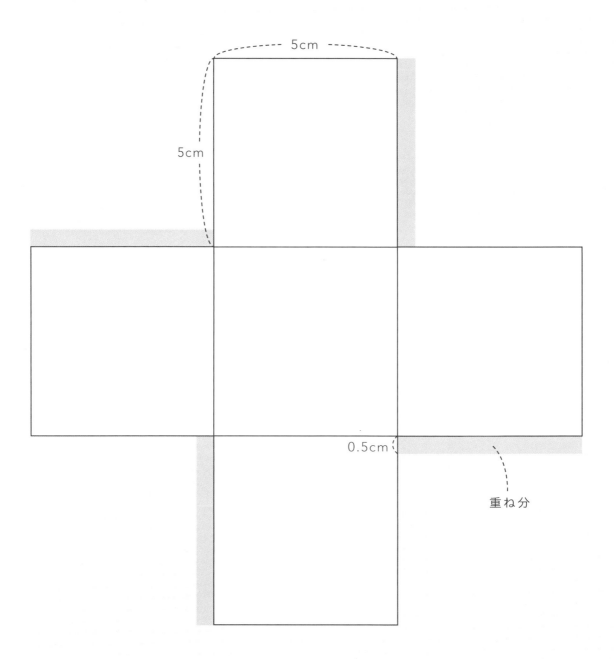

アロマワックスバーの紙の箱型

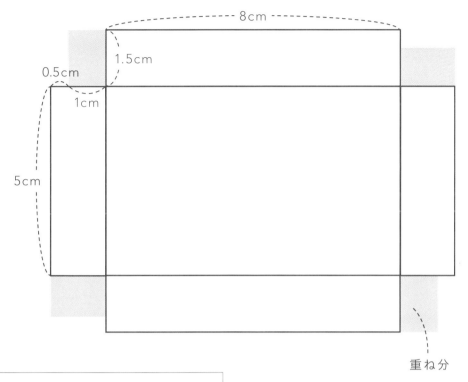

重ね分

鳥のキャンドルの紙の箱型

＊実際の1/2のサイズです

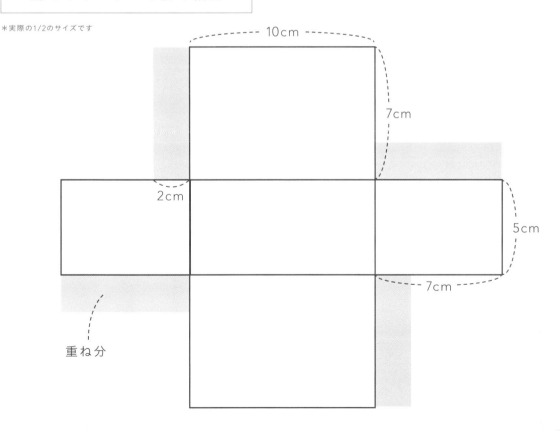

重ね分

Profile

NURI CANDLE
福間乃梨子（ふくま・のりこ）

キャンドル作家。福岡県出身。九州産業大学ビジュアルデザイン科卒。大学在学中にキャンドル作りに出会い、株式会社トモスに入社。キャンドル作家、横島憲夫に師事。2004年よりNURIという屋号で独立し、キャンドル製作をスタートさせる。展示会やショップオーダー、カルチャーセンターの講師なども務める。著書『鉱物キャンドルのつくりかた』（日東書院）

撮影協力

AWABEES
UTUWA
ネストローブ 表参道店　tel.03-6438-0717

Staff

撮影	masaco（CROSSOVER）[p.2〜31]
	宇賀神善之（スタジオダンク）[p.32〜50]
ブックデザイン	平間杏子（スタジオダンク）
スタイリング	荻野玲子
ヘアメイク	鎌田真理子
モデル	雑賀さくら（Awesome）
編集	加藤風花（スタジオポルト）
	大沢洋子（文化出版局）

6種のワックスとエッセンシャルオイルで作る

ハンドメイドキャンドル

2015年12月20日　第1刷発行
2023年10月16日　第3刷発行

著　者	福間乃梨子
発行者	清木孝悦
発行所	学校法人文化学園 文化出版局
	〒151-8524　東京都渋谷区代々木3-22-1
	電話 03-3299-2489（編集）
	03-3299-2540（営業）
印刷・製本所	株式会社文化カラー印刷

© 学校法人文化学園 文化出版局 2015　Printed in Japan
本書の写真、カット及び内容の無断転載を禁じます。

・本書のコピー、スキャン、デジタル化等の無断複製は著作権法上での例外を除き、禁じられています。
　本書を代行業者等の第三者に依頼してスキャンやデジタル化することは、たとえ個人や家庭内での利用でも著作権法違反になります。
・本書で紹介した作品の全部または一部を商品化、複製頒布、及びコンクールなどの応募作品として出品することは禁じられています。
・撮影状況や印刷により、作品の色は実物と多少異なる場合があります。ご了承ください。

文化出版局のホームページ　https://books.bunka.ac.jp/